# JUANA INÉS

Georgina Lázaro

Ilustrado por
Bruno González Preza

LECTORUM

*Y no estimo tesoros ni riquezas*
*y así, siempre me causa más contento*
*poner riquezas en mi pensamiento*
*que no mi pensamiento en las riquezas.*
—JUANA INÉS DE LA CRUZ

A TERE, STELLA, ISA MARI
Y MARÍA ISABEL.
—G. L. L.

JUANA INÉS
Text copyright © 2007 Georgina Lázaro
Illustrations copyright © 2007 Bruno González Preza
All rights reserved. No part of this book may be reproduced or
transmitted in any form or by any means, electronic or mechanical,
including photocopying, recording, or by any information storage and
retrieval system, without permission in writing from the Publisher. For
information regarding permission, contact Lectorum Publications, Inc.,
557 Broadway, New York, NY 10012.

Library of Congress Cataloging-in-Publication data is available.

ISBN-10: 1-930332-57-2
ISBN-13: 978-1-930332-57-7
10 9 8 7 6 5 4 3 2 1
Printed in Singapore

ACOLMAN

OTUMBA

TEXCOCO

N

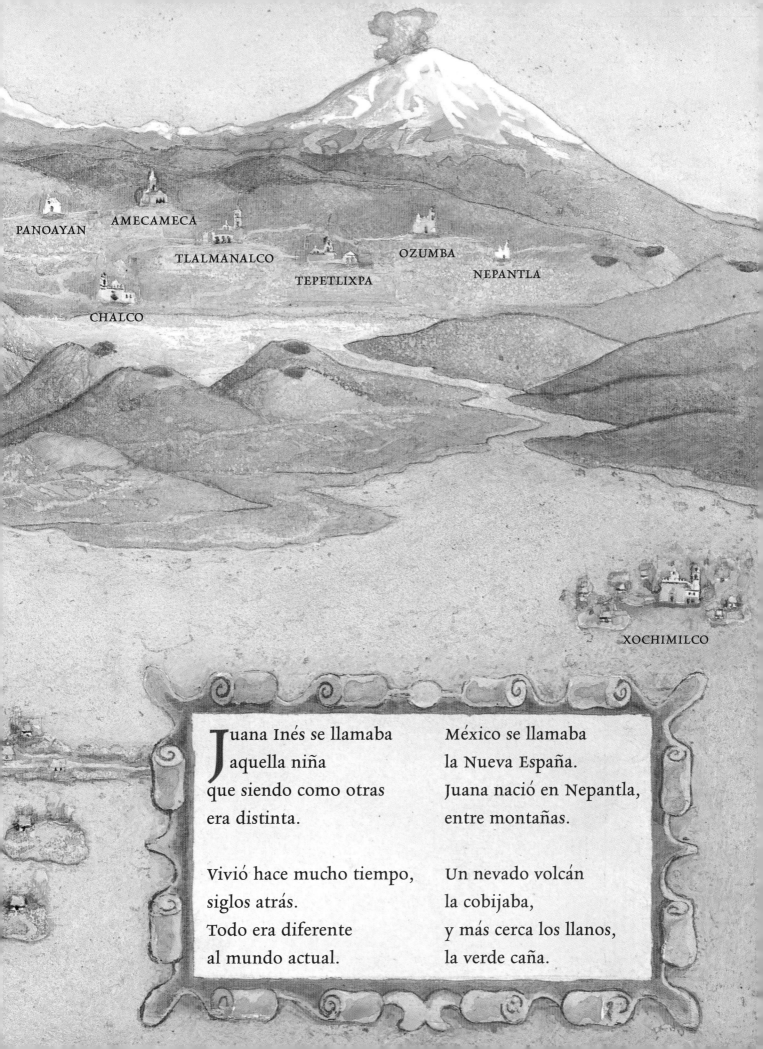

PANOAYAN

AMECAMECA

TLALMANALCO

TEPETLIXPA

OZUMBA

NEPANTLA

CHALCO

XOCHIMILCO

Juana Inés se llamaba
aquella niña
que siendo como otras
era distinta.

Vivió hace mucho tiempo,
siglos atrás.
Todo era diferente
al mundo actual.

México se llamaba
la Nueva España.
Juana nació en Nepantla,
entre montañas.

Un nevado volcán
la cobijaba,
y más cerca los llanos,
la verde caña.

Su padre, un español,
se había ido lejos.
No tuvo su cariño
ni sus consejos.

Su madre, una criolla
ágil y fuerte,
era muy laboriosa
e independiente.

Dirigía una hacienda
con entereza,
demostrando su aplomo
y fortaleza.

Juana Inés era alegre
y juguetona,
a veces pensativa
y soñadora.

De alma aventurera
y apasionada;
se entretenía cantando
viejas tonadas.

Gozaba oyendo historias
que las criadas
contaban al final
de la jornada,

y leyendas antiguas
que algunos viejos
narraban recordando
como de lejos.

Un día en que sus hermanas,
María y Josefa,
aprendían a leer,
se acercó a ellas.

Y tuvo una ocurrencia,
(¡qué travesura!)
le dijo a la maestra
con gran dulzura:

"Doña Isabel, mi madre,
desea que usted
también me dé lecciones.
Quiero aprender".

Sólo tenía tres años
y con presteza
ya leía y escribía
con gran destreza.

Entonces su pasión
fue la lectura,
además de la música
y la pintura.

Le gustaba mirarse
en el espejo
pensando en el misterio
de aquel reflejo.

Es que era tan curiosa
la niña aquella.
"¿De dónde sale el polvo?
¿Y las  estrellas?

¿Por qué será que el trompo
da tantas vueltas?
¿Adónde van los sueños
cuando despiertas?"

Fue un día la familia
a vivir junto
al abuelo materno,
hombre muy culto.

Tenía una biblioteca
que Juana Inés
exploraba leyendo
con avidez.

Se convirtió en refugio,
sueño, tesoro.
Allí pasó la niña
tiempos de oro

leyendo sobre historia,
mitología,
matemática, ciencia,
y astronomía.

Eran tantas sus ansias
por aprender
que a veces se olvidaba
hasta de comer.

Y se cortaba el pelo
varias pulgadas
si al decir la lección
se equivocaba.

Decía que no era justo
vestir cabeza
tan desnuda de datos
y de agudeza.

A la universidad
quiso ir un día.
Tal vez como seis años
sólo tenía.

Y como en aquel tiempo,
por ser mujer,
no podía ese deseo
satisfacer,

pidió que como hombre
la disfrazaran
y a ese centro de estudios
la trasladaran.

Algún tiempo después
murió su abuelo.
Ella se sintió sola
y sin consuelo.

Su mamá la mandó
donde su tía.
Vivía en la capital
doña María.

Los libros le ofrecieron
paz y refugio.
En medio del bullicio
siguió el estudio.

Allí aprendió latín
y en pocos días
ya leía tratados
de teología.

Su saber le ganó
mucho prestigio,
y la consideraron
niña prodigio.

Todos la distinguían
por su belleza,
su cultura, su trato
y su entereza.

Fue para aquellos años
cuando llegó
hasta la capital
doña Leonor.

Y la nueva virreina,
al conocerla,
la admitió a su servicio;
preciada perla.

Por mutua admiración
fueron amigas.
La virreina, una madre;
Juana, una hija.

La vida de la corte:
bailes y fiestas,
ceremonias, festejos,
lujos, riquezas.

Ella en ese esplendor
brillaba más,
por su vasta cultura
y genialidad.

Algún tiempo después
quiso volver
al mundo de los libros
y del saber.

Abandonó la corte
y entró a un convento,
espacio sosegado
y de aislamiento.

Comenzó a escribir versos
con maestría;
villancicos, canciones
y seguidillas.

Su celda fue su estudio,
su biblioteca,
un lugar de tertulias,
del saber, meca.

Y continuó leyendo
y escribiendo.
Allí fueron los libros
mudos maestros,

y su palabra escrita
mudo mensaje
que hasta hoy ilumina
nuestro lenguaje.

"Óyeme sordo que
me quejo muda",
escribía expresando
su fe y su duda.

"Óyeme con los ojos",
así decía
esta autora de cartas
y poesías.

Una de nuestras más
grandes poetas
que de su celda al mundo
abrió una puerta.

Su obra sigue vigente
pasado el tiempo.
Nos brindó el universo
desde el convento.

Y así la recordamos
siglos después,
como en el monasterio:
Sor Juana Inés.

Juana Inés de la Cruz,
monja poeta,
del saber defensora,
mujer profeta.

# ¿TE GUSTARÍA SABER MÁS?

Juana Inés de Asbaje y Ramírez de Santillana nació en San Miguel Nepantla, una hacienda en las faldas del volcán Popocatépetl, muy cerca de la capital mexicana. Algunos piensan que la fecha de su nacimiento fue el 12 de noviembre de 1651, aunque otros opinan que fue tres años antes.

Su padre fue un español llamado Pedro Manuel de Asbaje y Vargas Machuca. Su madre, doña Isabel Ramírez de Santillana, era una criolla fuerte, trabajadora e independiente que, a pesar de ser analfabeta, manejó la hacienda Panoayán con gran habilidad durante treinta años. Doña Isabel tuvo otros cinco hijos; dos niñas mayores que Juana Inés y un niño y dos niñas menores.

Juana Inés aprendió a leer cuando tenía sólo tres años y a los ocho compuso varios versos de tema religioso. Era una niña muy curiosa y siempre quería aprender más. Por eso leía y estudiaba constantemente. Sabía tanto que cuando la mandaron a vivir a la capital, a casa de su tía doña María, muchos pensaron que era una niña prodigio.

En 1665, cuando Juana Inés tenía dieciséis años, llegaron a México el nuevo virrey y su esposa, doña Leonor. Sus tíos la llevaron al palacio y la presentaron a la virreina que quedó muy impresionada con la amplia cultura de la jovencita. Enseguida fue admitida a su servicio como dama de compañía y se hicieron grandes amigas.

Durante los años que vivió en la corte, Juana Inés se destacó por su simpatía y belleza, por ser servicial y discreta, y sobre todo por su ingenio, inteligencia y vastos conocimientos.

En 1669, cuando tenía veinte años, dejó la corte para entrar al convento. Quiso retirarse al mundo de los libros y de los conocimientos. Convirtió su celda en un lugar de estudio y reuniones intelectuales, con una biblioteca de más de cuatro mil volúmenes para su uso personal. Desde allí continuó aprendiendo sobre todas las ramas del saber, desde la filosofía hasta las ciencias naturales. Fue autora de obras de teatro y composiciones musicales entre las que se destacan sus villancicos. Escribió innumerables cartas que la mantenían en contacto con el mundo y hoy nos permiten conocer mejor su época y su pensamiento. Cultivó con maestría y refinamiento todas las formas poéticas: romances, endechas, décimas, glosas, sonetos, liras, redondillas y seguidillas, que es una composición métrica usada para cantar coplas y que fue utilizada para escribir este libro.

Sor Juana Inés de la Cruz, la monja poeta, fue una mujer genial, adelantada a su tiempo. Fue la primera en defender los derechos de la mujer en nuestro hemisferio y una de las más grandes poetas de nuestro idioma, no sólo por su habilidad para versificar, sino por su riqueza de imágenes y sus temas profundos.

Murió durante una epidemia en el convento de San Jerónimo, en la ciudad de México, el 17 de abril de 1695.